# BEI GRIN MACHT SICH IHR WISSEN BEZAHLT

- Wir veröffentlichen Ihre Hausarbeit, Bachelor- und Masterarbeit

- Ihr eigenes eBook und Buch - weltweit in allen wichtigen Shops

- Verdienen Sie an jedem Verkauf

## Jetzt bei www.GRIN.com hochladen und kostenlos publizieren

Clarissa Höschel

# Die Liebestrank-Episode in Gottfried von Straßburgs TRISTAN

GRIN Verlag

**Bibliografische Information der Deutschen Nationalbibliothek:**

Die Deutsche Bibliothek verzeichnet diese Publikation in der Deutschen National-
bibliografie; detaillierte bibliografische Daten sind im Internet über http://dnb.d-
nb.de/ abrufbar.

**Impressum:**

Copyright © 2006 GRIN Verlag GmbH
Druck und Bindung: Books on Demand GmbH, Norderstedt Germany
ISBN: 978-3-638-79407-7

**GRIN - Your knowledge has value**

Der GRIN Verlag publiziert seit 1998 wissenschaftliche Arbeiten von Studenten, Hochschullehrern und anderen Akademikern als eBook und gedrucktes Buch. Die Verlagswebsite www.grin.com ist die ideale Plattform zur Veröffentlichung von Hausarbeiten, Abschlussarbeiten, wissenschaftlichen Aufsätzen, Dissertationen und Fachbüchern.

**Besuchen Sie uns im Internet:**

http://www.grin.com/

http://www.facebook.com/grincom

http://www.twitter.com/grin_com

LMU München

# Deutsche Philologie

# Die Liebestrank-Episode in
# Gottfried von Straßburgs TRISTAN

Clarissa Höschel

1

# Inhalt

# I. Begegnungen zwischen Tristan und Îsôt

## *Tristans erster Aufenthalt in Develin*

Tristan, in der Not seiner unheilbaren Wunde, erinnert sich nicht nur der Worte Morolds, der ihm von den heilkundigen Fähigkeiten seiner Schwester Îsôt erzählt hatte (V. 6944-6952; vgl. II), sondern auch an das, was von der schönen und klugen Königin allenthalben berichtet wird. Er begreift, dass nur die Königin von Irland sein Leben retten kann und macht sich auf den abenteuerlichen Weg dorthin (*z'Irlanden*; V. 7328)[1]. Tatsächlich gelingt es ihm, von der Königin selbst gepflegt zu werden; eine Begegnung mit deren Tochter, der *erwünscheten maget* (V. 7717), ist nur noch eine Frage der Zeit. Als man nach ihr schickt, erscheint *daz wâre insigel der minne,/mit dem sîn herze sider[2] wart/versigelt unde vor verspart/aller der werlt gemeiner/niuwan ir al einer,* (V. 7812-7816)

Als Tristan nach erfolgreicher Rekonvaleszenz (während der er Îsôt in Buchwissen [!], Saitenspiel und *moraliteit[3]* unterrichtet hat) wieder an Markes Hof zurückkehrt, entlädt sich seine Begeisterung für das Mädchen Îsôt in einer über <u>46 Verse reichende Lobeshymne (V. 8255-8300)</u>; als *der wol gemuote Tristan* seine Rede beendet hat, spürt er: <u>*im was ein ander leben gegeben:/er was ein niuborner man.*</u> (V. 8312-13).[4] Genau so erging es übrigens auch seinem (vergessenen) Vater Riwalîn, als er sich in Blancheflur verliebt hatte: *wan er greif in ein ander leben;/ein niuwe leben wart ime gegeben* (V. 937-938; vgl. auch V).

## *Tristans zweiter Aufenthalt in Develin*

Die zweite Begegnung zwischen Tristan und dem Mädchen Îsôt bedeutet für Tristan doppelte Entdeckung - zuerst <u>erkennt Îsôt ihren Lehrer Tantris (V. 9471-9473)</u>, den sie auch heimlich ansieht (V. 9995f.), dann den Mörder ihres Onkels; dies aber eher intuitiv, wie es die Erzählerinstanz suggeriert: *Nu ergieng ez aber Îsolde,/alsô der billîch wolde:/daz si aber ir herzequâle/zem anderen mâle/vor den andern allen vant.* (V. 10057-10061).

---

[1] In der Sage ergibt sich Tristan Gottes Wille: *nâch wâne* (wohin Gott mich bringt)

[2] Epische Vorausdeutung mit *sît* (praemonitio=Warnung); vgl. dazu auch die Verse 7058 und 7135.

[3] Sittenlehre = Gesinnung und Gesittung. Hier klingt die Opposition „religiöse Gebote" vs. „sündenhaftes Erdenleben" bzw. der Dualismus *got* vs. *werlt* an; diese Opposition wird in der Synthese des vollkommenen, ritterlich-höfischen Menschen aufgelöst.

[4] Könnte diese Parallele auch gedeutet werden als die Auferstehung eines Todgeweihten?

Als Îsôt den aufbewahrten Splitter aus Morolds Schädel als das fehlende Stück aus Tristans Schwert identifiziert, *begunde ir herze kalten/umbe ir schaden den alten.* (V. 10087f.) Wut und Hass bemächtigen sich ihrer so sehr, dass sie Tristan erschlagen will; ihre Mutter kann im letzten Moment die unhöfische Tat verhindern, die das Mädchen für alle Zeit ehrlos gemacht hätte, denn Frauen sind im mittelalterlichen Rechtskontext von der Ausübung der Blutrache ausgenommen (vgl. Kriemhild!)

## Tristan und Îsôt auf dem Schiff

Als Tristan das Mädchen schließlich mit sich nimmt, um sie Marke als Braut zuzuführen, sind Îsôts Gefühle für Tristan alles andere als liebevoll, denn *si waz im dannoch gehaz* (V. 11402). Für Tristan ist aber Îsôt, so berichtet es der Erzähler, *sîn unverwânde amîe,/sîn unverwantiu herzenôt* (V. 11488-11489); entsprechend bemüht sich Tristan von Beginn der Reise an und unabhängig von Îsôts Wut und Hass gegen ihn (vgl. V. 11575; 11579-81; 11624-26), um Trost für die trauernde und traurige Braut: *der gie wîlent dar în/und trôste die künigîn,/dâ si weinende saz.* (V. 11545-11547). *sô trôste sî Tristan ie,/sô er suozeste kunde./ze iegelîcher stunde,/alse er zuo z'ir triure kam,/zwischen sîn arme er si nam/vil suoze unde lîse/und niuwan in der wîse,/als ein man sîne vrouwen sol.* (V. 11554-11561).

# II. Der Minnetrank

## Die Herkunft des Minnetranks

Der Minnetrank wird von der klugen und weisen Königin Îsôt zubereitet, die bereits zuvor von ihrem Bruder Morold als außergewöhnliche Heilerin gepriesen wird, nachdem dieser Tristan mit seinem vergifteten Schwert verwundet hat: *arzât noch arzâte list/ernert dich niemer dirre nôt,/ez entuo mîn swester eine, Îsôt,/diu künegîn von Îrlande./diu erkennet maneger hande/wurze und aller crûte craft/und arzâtlîche meisterschaft./diu kan eine disen list/und anders nieman, der der ist.* (V. 6944-6952)

Doch Îsôt versteht sich nicht nur auf Heil- und Kräuterkunde, sondern auch auf Magie und Traumdeutung,[5] die sie durchaus auch zu ihrem Vorteil einzusetzen weiß: *und alse ez nahten began,/diu wîse vrâgete unde sprach/umbe ir tohter ungemach/ir tougenlîche liste,/von den si wunder wiste,/daz s'in ir troume gesach,/daz ez niht alsô geschach,/als der lantschal sagete.* (V. 9298-9305)

## Die Eigenschaften des Minnetranks

Der Minnetrank soll die Liebe zwischen Îsôt und Marke unterstützen und festigen, um der Ehefrau Îsôt nicht nur langfristig die alleinige Aufmerksamkeit ihres Mannes zu sichern, sondern auch, um durch eine stabile Ehe zwischen den beiden den soeben geschlossenen Frieden zwischen Irland und Cornwall zu besiegeln und auf Dauer zu erhalten. Um dies zu erreichen, stellt Îsôt einen *tranc von minnen* her; *mit sweme sîn ieman getranc,/den muose er âne sînen danc[6]/vor allen dingen meinen/und er dâ wider in einen./in was ein tôt unde ein leben,/ein triure, ein vröude samet gegeben.* (V. 11439-11444)

Trotzdem soll die Ehe zunächst ohne die Hilfe der geheimen Künste vollzogen werden, denn Mutter Îsôt schärft Brangäne, die auch um die Art des Tranks weiß (*der tranc der ist von*

---

[5] Das kommt in dieser Form ausschließlich bei Gottfried vor!

[6] Der Ausdruck (*ohne* bzw. *unabhängig vom eigenen Willen*) wird auch bei Eilhart in diesem Zusammenhang verwendet. Heinrich von Veldeke benutzt den Ausdruck in seiner gereimten Tristan-Kritik (vgl. dazu den Kommentar zu V. 11440; S. 116)

*minnen*; V. 11467), ein: *swenne Îsôt unde Marke/in ein der minne komen sîn,/sô schenke in disen tranc vür wîn/und lâ si'n trinken ûz in ein.* (V. 11460-11463)

Îsôt und Marke sollen also mithilfe dieses Tranks und nach dem Vollzug ihrer Ehe (?) durch eine ausschließliche, vom freien Willen unabhängige und lebenslang andauernde Liebe zueinander verbunden sein.

## III. Die verhängnisvolle Verwechslung

Das Verhängnis nimmt seinen Lauf, als *Îsôt und ir gesinde* seekrank werden und Tristan deshalb die Reise unterbrechen lässt (V. 11649ff.). Als er sich zu der im Schiff verbliebenen Îsôt gesellt, wird er durstig; eine junge Hofdame reicht ihm ein gefülltes Glas, das Tristan zuerst an Îsôt weiterreicht, bevor er selbst auch daraus trinkt. Das Glas enthält jedoch keinen Wein, wie alle Beteiligten meinen, sondern *ez was diu wernde swaere,/diu endelôse herzenôt,/von der si beide lâgen tôt.* (V. 11674-76). Auch Brangäne, die kurz darauf erscheint, begreift sofort das kommende Verhängnis: *ouwê Tristan unde Îsôt,/diz tranc ist iuwer beider tôt!* (V. 11705f.) Mit ähnlichen Worten berichtet sie das Unglück übrigens auch Îsôt: «owî!» sprach sî «daz selbe glas/und der tranc, der dar inne was,/der ist iuwer beider tôt.» (V. 12487-89).

## IV. Die Wirkung des Minnetranks

Kaum haben Tristan und Îsôt von dem Minnetrank getrunken, werden sie *ein und einvalt[7],/die zwei und zwîvalt wâren ê.* (V. 11716f.) *si haeten beide ein herze./ir swaere was sîn smerze,/sîn smerze was ir swaere[8]./si wâren beide einbaere[9]/an liebe unde an leide* (V. 11727-31), doch noch glauben und trauen sie diesem neuen Gefühl nicht, sondern verbergen und verdrängen es. (V. 11732-11791) Doch was sie auch immer versuchen, diesem Gefühl zu entgehen, es gelingt nicht. Als Tristan Herz und Verstand befragt, findet er nur Îsôt

---

[7] Das mystische Einswerden in der Liebe (*unio mystica*); vgl. dazu auch V. 13010: *ir beider sin, ir beider muot/daz was allez ein und ein.*
[8] chiastische Formulierungen
[9] Ineins-Formel

*unde Minne* (V. 11788); als Îsôt ihre Gedanken kreisen lässt, findet sie nur *minne unde Tristan* (V. 11818).


## V. ... mit gelîmeten ougen ...

Îsôt erkennt das Wesen der Liebe, die sie fortan an Tristan binden wird, als erste: *dô sî den lîm erkande/der gespenstegen[10] minne/und sach wol, daz ir sinne/dar în versenket wâren,/si begunde stades vâren,/si wolte ûz unde dan./sô clebete ir ie der lîm an./der zôch si wider unde nider. [...] ir gelîmeten sinne/die enkunden niender hin gewegen/noch gebrucken noch gestegen/halben vuoz noch halben trite,/Minne diu enwaere ie dâ mite.* (V. 11792-11814) Als sie der Liebe nicht entfliehen können, ergeben sie sich: *Îsôt diu leite ir criec der nider/und tete, als ez ir was gewant.* (V. 11836f.) *Tristan begunde ouch entwîchen/do's in diu minne niht erlie.* (V. 11850f.)     *mit gelîmeten ougen* gestehen sie sich nun ihre Liebe (V. 11904ff.).

**lîm** ist hier die Metapher für die Innigkeit der Verbindung zwischen Tristan und Isolde, und steht gleichzeitig auch für deren Unauflösbarkeit. Der Leim ist derjenige Leim, der zum Vogelfang auf Äste gestrichen wird, die dann, als Anflugmöglichkeit für Vögel, auf Büsche oder kleine Bäume aufgepfropft werden. Fliegt ein Vogel einen derart präparierten Ast an, bricht dieser ab; der Vogel fällt mitsamt dem Ast zu Boden, der zähflüssige Leim verklebt im das Gefieder und macht eine Flucht unmöglich.

Zum Vergleich seien hier nochmals die Textstellen ins Gedächtnis gerufen, in denen diese Leim-Metapher Verwendung findet:

### II. Buch

    Der gedanchafte Riwalîn
    der tete wol an im selben schîn,
    daz der minnende muot
    rehte alse der vrîe vogel tuot,

846    der durch die vrîheit, die er hât,
847    ûf daz gelîmde zwî gestât:
    als er des lîmes danne entsebet
    und er sich ûf ze vlühte hebet,

---

[10] *gespanst*=teuflisches Trugbild, Gespenst; gespenstec=verführerisch, zauberisch > Hinweis auf den dämonisch-diabolischen Aspekt der oft zitierten *Tristanliebe*.

sô clebet er mit den vüezen an;

sus reget er vedern und wil dan;
dâ mite gerüeret er daz zwî
an keiner stat, swie kûme ez sî,
ez enbinde in unde mache in haft;
sô sleht er danne ûz aller craft

858      dar unde dar und aber dar,
unz er ze jungeste gar
sich selben vehtende übersiget
und gelîmet an dem zwîge liget.
rehte in der selben wîse tuot

der unbetwungene muot:
sô der in senede trahte kumet
und liebe an ime ir wunder vrumet
mit senelîcher swaere,
sô wil der senedaere

867      ze sîner vrîheite wider;
sô ziuhet in diu süeze nider
der gelîmeten minne.


## XVI. Buch

11792     dô sî den lîm erkande
der gespenstegen minne
und sach wol, daz ir sinne

dar în versenket wâren,
si begunde stades vâren,
si wolte ûz unde dan.
11798     sô clebete ir ie der lîm an.
der zôch si wider unde nider.

diu schoene strebete allez wider
und stuont an iegelîchem trite.
si volgete ungerne mite.
si versuohte ez manegen enden.
mit vüezen und mit henden

nam sî vil manege kêre
und versancte ie mêre
ir hende unde ir vüeze
in die blinden süeze
des mannes unde der minne.

11810    ir gelîmeten sinne
die enkunden niender hin gewegen
noch gebrucken noch gestegen
halben vuoz noch halben trite,
Minne diu enwaere ie dâ mite.

## XVII. Buch

so s'eteswenne tougen
11904    mit gelîmeten ougen

ein ander solten nemen war,
sô wart ir lîch gelîche var
dem herzen unde dem sinne.

# VI. Parallelen zwischen Riwalîn und Tristan

Die Metapher der Leimrute wird hier, wie soeben erwähnt, nicht zum ersten Mal bemüht, sondern ist bereits aus der Vorgeschichte um Riwalîn und Blancheflur bekannt: dort wird nämlich der verliebte Riwalîn durch das metaphorische Bild des auf der Leimrute flatternden Vogels charakterisiert (V. 841-858).[11]

Doch mehr noch: Riwalîn muss nicht nur einen ähnlichen inneren Kampf ausfechten wie sein Sohn, bis er sich aller Gefühle sicher ist bzw. bis sich die Liebe durchgesetzt hat (*Nu daz diu süeze minne/sîn herze und sîne sinne/al nâch ir willen haete brâht,* (V. 915-917)), sondern steht, ebenso unwissend wie Tristan, der Liebe und dem damit einhergehenden Leid gegenüber: *dannoch was ime vil ungedâht,/daz herzeliebe waere/sô nâhe gênde ein swaere.* (V. 919-920), die fortan seine Herrin ist.[12]


Riwalîn verliebt sich leidenschaftlich in Blancheflur - ohne Minnetrank oder andere Hilfsmittel; aus welchem Grund sollte ausgerechnet sein Sohn, der aus dieser leidenschaftlichen Liebe hervorgegangen ist, nicht in der Lage sein, eine ebenso leidenschaftliche Liebe zu entwickeln? Freilich nicht zu Îsôt, denn die ist ja seinem Onkel Marke versprochen und wäre damit ohne den Minnetrank nicht seine Geliebte, sondern seine Tante geworden. Ist allein deshalb schon der Minnetrank notwendig, weil er zusammengebracht hat, was ohne ihn wohl nie zusammen gekommen wäre? Und wenn man nun von einer heimlichen, aber gegenseitigen Verliebtheit zwischen Tristan und Îsôt ausgeht? Hätte in diesem Fall der bestimmungsgemäß angewandte Minnetrank zumindest Îsôts Gefühle in die gewünschte Richtung gelenkt? Tristan hätte dann ja immer noch „die andere", Îsôt Weißhand heiraten können, wie er es ohnehin getan hat.

---

[11] Ebenfalls mit der Leim-Metapher werden nacheinander die stattlichen Erscheinungen von Vater und Sohn quasi spiegelbildlich dargestellt: In V. 711f. heißt es: *wie rehte sîn [Riwalins] schilt z'aller zît/an sîner stat gelîmet lît!* , während es über Tristan heißt: *der [der Schild Tristans] stuont dem keiserlîchem man/und vuogete ime zer sîten/dô unde z'allen zîten,/als er dar gelîmet waere.* (V. 6621).
[12] Vgl. dazu V. 11765: die Minne als Tristans *erbevogetîn*, woraus folgt, dass sie Riwalîns *vogetinne* gewesen sein müsste. Inkonsequent daher V. 12000, wo die Minne als *ir beider* [=Tristan und Isolde] *vogetinne* genannt ist.

# VII. Diskussion

Kontroverser können die Positionen der Forschung zur Frage des *tranc von minnen* kaum sein: Handelt es sich bei dem Liebestrank nun um einen Zaubertrank, der tatsächlich in der Lage ist, Liebe zwischen zwei Menschen zu stiften?

Oder ist er vielmehr ein Symbol dieser Liebe? Und wenn es sich um ein Symbol handelt, hat dieses Symbol vielleicht zusätzlich zu seiner symbolischen Eigenschaften auch noch eine liebesstiftende Wirkung? Begründet sich auf diese Weise gar ein Erwachen der sinnlichen Liebe oder die oft zitierte Tristanliebe? Oder hat der Minnetrank lediglich die Funktion, die bereits vorhandene Liebe zwischen Tristan und Isolde in deren Bewußtsein zu holen?

So hat es, neben einigen Interpreten der Gottfried- und Tristanforschung, wohl auch Richard Wagner verstanden oder verstehen wollen, denn sein Minnetrank hätte, wie Thomas Mann richtig bemerkt, ebenso gut ein Krug Wasser sein können.[13]

Ähnlich dachte wohl auch Donizetti, als er sein *Elisir d'amore*[14] konzipierte[15]; zwar enthält sein Liebestrank als guter, italienischer Rotwein auch Alkohol, doch die Liebe zwischen Aldina und Nemorino hat er höchstens versüßt, nicht aber gestiftet.

---

[13] Vgl. dazu: Leiden und Größe der Meister.....

[14] **L'elisir d'amore**, *opera buffa* in 2 Akten von Gaetano Donizetti (1797-1848).

[15] Die auf einem abgelegenen Dorf lebende Adina ist jung, reich und belesen, in einen schneidigen Burschen verliebt und verschmäht den armen Nemorino, der seinerseits in Adina verliebt ist. Eines Tages trägt sie ihre Geschichte von Tristan und Isolde vor und erzählt dabei von einem von Isolde verschmähten Tristan, der in den Besitz eines Liebestrankes kommt, durch den Isolde in Liebe zu ihm entbrennt. Plötzlich erscheint der Scharlatan Dulcamara, der sich als berühmter Wunderdoktor ausgibt und allerlei Elixiere gegen alle nur erdenklichen Wehwehchen an den Mann bringt. Bei ihm ersteht Nemorino einen vermeintlichen Zaubertrank, der ihm Adinas Liebe sichern soll. Adina hat aber nur Augen für ihren Offizier und so beschließt der arme Nemorino, Soldat zu werden, um so viel Geld zu verdienen, um sich eine zweite Flasche Zaubertrank leisten zu können. Als aber Nemorino eine unerwartete Erbschaft macht, entflammt Adina endlich in Liebe für ihn; ein Schelm, wer dies auf Nemorinos plötzlichen Reichtum zurückführt.

# Anhang 1

## Übersicht über die Liebestrank-Episode in verschiedenen Bearbeitungen des Tristan-Stoffes

### zusammengestellt von Clarissa Höschel

### 1180: Béroul (Berol): Altfranzösisches Epos nach der Estoire, Fragment.[16]

Bérouls Werk ist in einer einzigen Handschrift überliefert, die knapp 4500 Verse des Mittelstücks enthält (Tristans und Isoldes heimliche Liebe am Hof von König Marke, der Tristans Onkel und Isoldes Ehemann ist; die Entdeckung ihres Verhältnisses; Tristans Flucht; Isoldes Verurteilung und ihre Rettung durch T.; das gemeinsame Leben der beiden allein in einer Laubhütte im Wald; ihre Rückkehr an den Hof; Isoldes Wiederaufnahme durch Marke und Tristans Aufbruch ins Exil). Dem Werk Bérouls entspricht inhaltlich weitgehend der vollständig erhaltene *Tristan* von Eilhart von Oberg (ca. 1180).

- Der Liebestrank wird von der Mutter zubereitet (bolli)
- die Wirkung des Liebestranks ist auf drei Jahre begrenzt
- der Trank wird an Johanni auf dem offenen Meer getrunken
- der Trank hat unterschiedliche Auswirkungen auf Tristan und Isolde

### 1200: La Folie de Tristan (de Berne)[17]

Kurzes altfranzösisches Gedicht von der Wiederkehr Tristans in Narrenkleidung. Inhaltsgleich zu der zur gleichen Zeit entstandenen Folie Tristan d'Oxford.

- Der Liebestrank wird von Isoldes Mutter zubereitet
- keine Angabe über die Dauer der Wirkung des Liebestranks
- der Trank wird von Brangäne verabreicht, die ihn verwechselt
- der Trank wird auf hoher See am dritten Tag der Reise getrunken
- der Trank wird aus einem Fäschen gezapft

### 1175: Thomas von England: Altfranzösisches Versepos, Fragment[18]

Thomas schrieb sein Werk Mitte des 12. Jahrhunderts für den englischen Hof, während der Frühzeit der Regierung Heinrichs und Eleonores, die als Mäzenin u.a. auch Chrétien de Troyes maßgeblich förderte. Insgesamt sind in fünf Handschriften acht Fragmente mit zusammen gut 3000 Versen aus dem letzten Drittel der Handlung erhalten (Tristans Heirat mit der nur als Ersatz betrachteten namensgleichen Isolde Weißhand (Ysolt as Blanchesmaines), einige weitere Abenteuer T.s und sein tragisches Ende).

---

[16] Vgl. Buschinger/Spiewok, S. 21-54 und 325-327.
[17] Vgl. Buschinger/Spiewok, S. 332.
[18] Vgl. Buschinger/Spiewok, S. 55-84 und 327-329.

Nicht übernommen hat Thomas dagegen die Episode der *folie* (Narrheit), die bei Béroul sehr drastisch dargestellt wird.
Die Gesamthandlung des Thomasschen Romans kennen wir dank einer kompletten altnordischen Prosa-Übertragung von ca. 1225 und dank des unvollendet gebliebenen *Tristan* von Gottfried von Straßburg (gegen 1210).
- der Trank wird auf hoher See getrunken
- die Wirkung ist dauerhaft
- die tödlichen Auswirkungen sind expliziert
- der Trank wird von beiden gemeinsam getrunken

## 1200: La Folie de Tristan (d'Oxford)[19]
Inhaltsgleich zu der zur gleichen Zeit entstandenen *Folie Tristan (de Berne)*.

- der Trank wird auf hoher See und bei großer Hitze getrunken
- die Wirkungen sind dauerhaft
- es wird besonders auf die Gleichheit und die Einheit Tristans und Isoldes verwiesen
- der Trank wird von einem Diener gereicht (zum ersten Mal fällt die weibliche Vermittlerin weg)

## 1210: Gottfried von Straßburg: Tristan[20]
Die Lebensumstände des Gottfried von Straßburg liegen im Dunkeln. Sein profundes Wissen lässt auf eine Ausbildung an einer Klosterschule oder Universität schließen. Über seine spätere berufliche Betätigung - wahrscheinlich in Straßburg - gibt es nur Vermutungen. Vieles spricht dafür, dass «meister Gotfrid» dem Straßburger Stadtbürgertum und nicht dem Adel oder der Geistlichkeit angehörte. Die Niederschrift des *Tristan* erfolgte wohl zwischen 1205 und 1210. Als Vorlage diente ihm der Tristan des Thomas von Britannien, der um 1170 entstanden und nur fragmentarisch überliefert ist. Gottfrieds Werk blieb unvollendet und bricht mit Vers 19548 ab; das Epos gilt als ,klassische' Stoffrepräsentation des Mittelalters.

- der Liebestrank wird von Isoldes Mutter Isolde zubereitet
- der Trank wird von einem unwissenden Bediensteten gereicht
- diese Szene spielt sich bei vertäutem Schiff ab; weder große Hitze noch das offene Meer sind spürbar
- lange und detaillierte Beschreibungen der Bemühungen, die die Liebenden unternehmen, um den Wirkungen des Liebestranks zu widerstehen.
- unbegrenzte Wirkung des Tranks, der ausdrücklich das Schicksal derjenigen, die ihn trinken, gleichschaltet (Isoldes Mutter vertraut den Trank selbst Brangäne an, die genaue diese Eigenschaft hervorhebt).

## 1226: Tristram-Saga[21]
Eine norwegische Prosanacherzählung des Mönches Robert

Der Liebestrank wird von der Königin zubereitet und verleiht lebenslange Liebe demjenigen Mann, der davon trinkt, und derjenigen Frau gegenüber, die mit ihm davon getrunken hat. Isonds Mutter vertraut Brangene einen Liebestrank an, den Isond und Marke in der Brautnacht trinken sollen. An einem heißen Tag auf See bittet Tristram um ein Getränk, und einer seiner Diener greift aus Unachtsamkeit nach dem Liebestrank, der dann sowohl Tristan als auch Isond gereicht wird. Sie

---

[19] Vgl. Buschinger/Spiewok, S. 332.
[20] Vgl. Buschinger/Spiewok, S. 191-270 und 339-352; darunter auch Kommentare zur Fortsetzung des Tristan-Fragments durch Ulrich von Türheim (S. 344-350), das Brüsseler Episodengedicht (S. 350f.) sowie das Fragment des mittelniederdeutschen Tristanromans (S. 351f.).

entbrennen in leidenschaftlicher Liebe zueinander; noch auf dem Schiff wird Isond Tristrams Frau.

## 1230: Prosa-Tristan (*Tristan en prose*; altfranzösisch)[22]

In Frankreich kompiliert ein unbekannter Autor um 1230-35 aus verschiedenen Versionen den sog. *Tristan en prose*, einen sehr umfangreichen Prosaroman, der bis ins 16. Jh. hinein gelesen wurde. Das in zahlreichen Handschriften und leicht divergierenden Versionen überlieferte Werk verbindet den Tristan-Stoff mit anderen Stoffen, vor allem dem König-Artus-Stoff-Stoff und macht Tristan zum dicht- und sangeskundigen Ritter der Tafelrunde.

Der Trank wird von der Königin an Brangain und Gorvenal übergeben, die dafür sorgen sollen, dass Marc und Yselt den Trank bekommen, wenn sie sich in der Hochzeitsnacht zu Bett begeben haben. An einem heißen Tag auf See bittet Tristan um ein Getränk, und Gorvenal greift aus Unachtsamkeit nach dem Liebestrank, der dann sowohl Tristan als auch Yselt gereicht wird. Sie entbrennen in leidenschaftlicher Liebe zueinander; noch auf dem Schiff wird Yselt Tristans Frau.

## 1300: Sir Tristrem[23] (vor 1300)
mittelenglische Versübertragung; stimmt inhaltlich weitgehend mit der norwegischen Tristram-Saga überein.

Der Liebestrank wird von der Königin zubereitet und verleiht lebenslange Liebe demjenigen Mann, der davon trinkt, und derjenigen Frau gegenüber, die mit ihm davon getrunken hat. Ysondes Mutter vertraut Brengwein einen Liebestrank an, den Ysonde und Marke in der Brautnacht trinken sollen. An einem heißen Tag auf See bittet Tristrem um ein Getränk, und einer seiner Diener greift aus Unachtsamkeit nach dem Liebestrank, der dann sowohl Tristan als auch Ysonde gereicht wird. Sie entbrennen in leidenschaftlicher Liebe zueinander; noch auf dem Schiff wird Ysonde Tristrems Frau.
Auch Hodain, ein Hund, verfällt in Liebe zu den beiden, denn er leckt den Becher aus.

## 1484: Tristrant und Isalde[24]. Prosaroman, Augsburg.

Isaldes Mutter vertraut Brangel einen Liebestrank an, den Isalde und March in der Brautnacht trinken sollen und der zu vierjährigem Liebeszwang führt. Während dieser Zeit sind die Liebenden nur gesund und wohlauf, wenn sie zusammen waren; eine Trennung verursacht Siechtum, das bis zum Tod führt. Nach Ablauf der vier Jahre lässt zwar die Kraft des Trankes nach, doch lodert dann bereits das Feuer natürlicher Liebe.
Während der Überfahrt bittet Isalde den Schiffsführer anzulegen, was dieser auch tut. Als nur noch Tristan und Isalde auf dem Schiff sind und sich mit Plaudereien die Zeit vertreiben, überkommt Tristan starker Durst; eine Bedienstete reicht ihm in Unwissenheit den Liebestrank, den er, da er ihn für köstlichen Wein hält, auch Isalde anbietet. Kurz darauf empfinden beide eine solch leidenschaftliche Liebe füreinander, dass sie sich zunächst verwirrt zurückziehen.

---

[21] Vgl. Buschinger/Spiewok, S. 289-314 und 356-358; dort auch Kommentare zu den isländischen Tristan-Fassungen.
[22] Vgl. Buschinger/Spiewok, S. 85-95 und 329-331.
[23] Vgl. Buschinger/Spiewok, S. 315-323 und 358-359.
[24] Vgl. Buschinger/Spiewok, S. 271-288 und 352-354.

**1859: Richard Wagner: Tristan und Isolde (Oper)**
1865: UA München
1886: EA Bayreuth

Liebestrank: Isolde nötigt Tristan kurz vor der Ankunft in Cornwall, den *Sühne-Trank* (Todestrank) zu trinken; als er tatsächlich trinkt, reißt sie ihm die Schale aus der Hand und trinkt ebenfalls; beide wähnen sich nun dem Tode geweiht. Doch Brangäne hat, entgegen dem Befehl ihrer Herrin Isolde, nicht den Todestrank, sondern den Liebestrank in die Schale gegeben, sodass beide in Liebe zueinander entflammen.

# Literaturverzeichnis:

## Primärliteratur

1. **Gottfried von Straßburg: Tristan.** Nach dem Text von Friedrich Ranke neu herausgegeben ins Neuhochdeutsche übersetzt, mit einem Stellenkommentar und einem Nachwort von Rüdiger Krohn. Drei Bände, $^2$Stuttgart 1981 (=RUB 4471 (6), 4472 [6] und 4473 [4])

## Sekundärliteratur:

2. Bekker, Hugo: Gottfried von Strassburg's Tristan: Journey through the Realm of Eros. Colombia, South Carolina (USA), 1987.

3. Buschinger/Spiewok: Tristan und Isolde im europäischen Mittelalter. Ausgewählte Texte in Übersetzung und Nacherzählung. Stuttgart 1991 (RUB 8702[5]).

4. Cahné, C.: Le philtre et le venin dans Tristan et Iseut. Paris 1975.

5. Closs, August: The love-potion as a poetic symbol in Gottfried's 'Tristan'. In: Gottfried von Strassburg and the medieval Tristan legend. Ed. with an introduction by Adrian Stevens and Roy Wisbey 1990, 235/245

6. Dietz, Reiner: Der ‚Tristan' Gottfrieds von Straßburg. Probleme der Forschung (1902-1970). Göppingen 1974.

7. Ehrismann, Otfrid: Isolde, der Zauber, die Liebe - der Minnetrank in Gottfrieds Tristan zwischen Symbolik und Magie. In: Ergebnisse und Aufgaben der Germanistik am Ende des 20. Jahrhunderts. Festschrift für Ludwig Erich Schmitt zum 80. Geburtstag. Hildesheim/Zürich/New York 1989, S. 282-301.

8. Mertens, Volker: Bildersaal-Minnegrotte-Liebestrank. Zu Symbol Allegorie und Mythos im Tristanroman.
9. In: Beiträge zur Geschichte der deutschen Sprache und Literatur. Begründet von Wilhelm Braune/Hermann Paul/Eduard Sievers. Unter Mitwirkung von Hans Fromm und Rudolf Grosse. Herausgegeben von Klaus Grubmüller/Thomas Klein/Burghart Wachinger. 117. Band, Tübingen 1995, S. 40-64.

10. Okken, Lambertus: "Nein, ezn was niht mit wine" : über den Liebestrank in Gottfrieds 'Tristan'-Roman. In: Amsterdamer Beiträge zur älteren Germanistik 29 1989, 127/130

11. Sidney M.: "This drink will be the death of you". Interpreting the love potion in Gottfried's "Tristan". In: Hasty, Will (Hrsg.): A companion to Gottfried von Strassburg's "Tristan". 2003, 87-112.

12. Spiewok, Wolfgang: "... daz machet alles der tranc" : zum Liebestrank-Motiv in Tristan-Dichtungen des Mittelalters. In: La Grande Bretagne et la France 1996, 105/118

13. Vinçon, Hartmut: Körperliche Kunst : Frank Wedekind: 'Fritz Schwigerling' (Der Liebestrank). In: Deutsche Komödien / hrsg. von Winfried Freund 1988, 167/82